Einfach Gutes tun

Die ultimative Webseite für Ministranten. Hier findest du:

- **Mini-Quiz**
Teste dein Wissen! Bist du schon ein Experte zwischen Sakristei und Altar?

- **Kirchenjahr**
Wir erklären dir den Festkreis, die „besonderen" Zeiten, liturgische Farben u. v. m.

- **Kalender**
Immer aktuell: wichtige Termine, Gedenktage, Feste und mehr.

- **Praktische Tipps für Minis**
Kniffe und Tipps für den Umgang mit Messbuch, Weihrauchfass und Klingeln.

- **Ministranten-Lexikon**
Alle wichtigen Begriffe für den Mini-Dienst von A wie Ambo bis Z wie Ziborium.

- **Liturgie**
Hier ist der Ablauf der Messe übersichtlich beschrieben. Was ist wann „dran" und was bedeuten die einzelnen Teile?

- **Unterhaltsames**
Witze, Spiele, Videos von Ministranten, lustige Geschichten (wahr oder frei erfunden), Rekorde und Kurioses.

- **Gebete**
Gebetstipps, Sakristeigebete, alle „Standardgebete" von Angelus bis Rosenkranz, Gebete in der Messe und Anregungen für dein persönliches, freies Gebet.

- **Wissen**
Nützliche Bücher, Materialien, Web-Tipps und Weiterbildungsangebote.

Papst Franziskus

Einfach Gutes tun

Das kleine Buch für Ministranten

Bibliografische Information der Deutschen Nationalbibliothek
Die Deutsche Nationalbibliothek verzeichnet diese Publikation
in der Deutschen Nationalbibliografie; detaillierte bibliografische
Daten sind im Internet über http://dnb.d-nb.de abrufbar.

Besuchen Sie uns im Internet:
www.st-benno.de

Gern informieren wir Sie unverbindlich und
aktuell auch in unserem Newsletter zum Verlags-
programm, zu Neuerscheinungen und Aktionen.
Einfach anmelden unter www.st-benno.de

ISBN 978-3-7462-4177-7

© St. Benno Verlag GmbH, Leipzig
Covergestaltung: Ulrike Vetter, Leipzig
Gesamtherstellung: Arnold & Domnick, Leipzig (A)

Inhaltsverzeichnis

Frei! Darum ist es erlaubt,
Gutes zu tun.   6

1. Nachfolge – in Jesu
   Mannschaft spielen   14

2. Dienst – das Gute in
   der Welt wachsen lassen   26

3. Vertrauen – Brücken
   zueinander bauen   38

4. Hoffnung – den Weg
   des Kreuzes gehen   48

5. Barmherzigkeit –
   das Herz weit machen   60

6. Mut – aufbrechen
   und hinausgehen   72

7. Freude – sich von
   Gott überraschen lassen   84

Frei! Darum ist es erlaubt, Gutes zu tun.

Ich will damit sagen: Solange der Erbe unmündig ist, unterscheidet er sich in keiner Hinsicht von einem Sklaven, obwohl er Herr ist über alles; er steht unter Vormundschaft, und sein Erbe wird verwaltet bis zu der Zeit, die sein Vater festgesetzt hat. So waren auch wir, solange wir unmündig waren, Sklaven der Elementarmächte dieser Welt. Als aber die Zeit reif war, sandte Gott seinen Sohn, geboren von einer Frau und dem Gesetz unterstellt, damit er die freikaufe, die unter dem Gesetz stehen, und damit wir die Sohnschaft erlangen. Weil ihr aber Söhne seid, sandte Gott den Geist seines Sohnes in unser Herz, den Geist, der ruft: Abba, Vater. Daher bist du nicht mehr Sklave, sondern Sohn; bist du aber Sohn, dann auch Erbe, Erbe durch Gott.

(Gal 4,1-7)

Das Wort des heiligen Paulus aus dem Galaterbrief, das wir eben gehört haben, lässt uns aufhorchen. Die Zeit ist reif, sagt Paulus. Jetzt macht Gott Ernst. Was Gott den Menschen schon immer mit den Worten der Propheten sagen will, das macht er nun an einem schlagenden Beispiel deutlich. Gott macht uns klar, dass er der gute Vater ist. Und wie macht er das? Wie macht er das? Dadurch, dass er seinen Sohn Mensch werden lässt. An diesem konkreten Menschen Jesus können wir kapieren, was Gott eigentlich meint. Er will Menschen, die frei sind, weil sie sich als Kinder eines guten Vaters immer geborgen wissen.

Um dies zu verwirklichen, braucht Gott nur einen Menschen. Er braucht eine Frau, eine Mutter, die seinen Sohn als Mensch zur Welt bringt. Das ist die Jungfrau Maria, die wir mit dieser Vesper heute Abend ehren. Sie war ganz frei. In ihrer Freiheit hat sie Ja gesagt. Sie hat für immer das Gute getan. So hat sie Gott und den Menschen gedient. Sie hat so Gott und den Menschen gedient. Halten wir uns ihr Beispiel vor Augen, wenn wir wissen wollen, was Gott von uns als seinen Kindern eigentlich erwartet.

(Ansprache an die Teilnehmer der deutschen Ministranten-wallfahrt, Rom, 5. August 2014)

Ministranten fragen
– der Papst antwortet

Bei der Ministrantenwallfahrt nach Rom hatten die Messdiener die einmalige Gelegenheit, Papst Franziskus die Fragen zu stellen, die ihnen besonders am Herzen liegen. Stellvertretend für alle anderen trugen vier Ministranten die folgenden Fragen vor:

Heiliger Vater, im Herbst des vergangenen Jahres haben Sie das Schreiben ‚Evangelii Gaudium' veröffentlicht, in dem Sie an die Dringlichkeit dessen erinnert haben, dass die Jugend eine wichtigere Rolle im Leben der Kirche spielen soll. Wie können Jugendliche Ihrer Meinung nach diese Rolle einnehmen? Und: Was erwartet die Kirche von den Messdienern?

Heiliger Vater, es gefällt mir sehr, Ministrant zu sein. Aber manchmal ist das nicht so einfach. An einigen Sonntagen würde ich lieber ausschlafen, an anderen habe ich etwas anderes vor, zum Beispiel Sport oder Musik. Auch wenn es meine Entscheidung war, bedauere ich das manchmal. Einige meiner Freunde verstehen nicht, warum ich Ministrant bin, sie machen sich über mich lustig oder sie sind sauer, weil ich wegen meiner Aufgabe keine Zeit für etwas anderes habe. Können Sie mir einen Rat geben, was ich in solchen Situationen machen soll?

Heiliger Vater, das Motto der Wallfahrt lautet „Frei! Darum ist es erlaubt, Gutes zu tun." Das nimmt einen Satz aus dem Evangelium auf, in dem Jesus einen Mann mit einer verdorrten Hand heilt, so dass er wörtlich sein Leben wieder in die Hand nehmen kann. Dabei erinnert Jesus an den Sinn des Sabbats: Gott befreit uns, damit wir in unserem Leben und in unserer Umgebung das Gute tun.

In meinem Alltag dreht sich alles um Regeln, in der Schule oder auch der Berufsausbildung, bei meinen Eltern und auch in der Kirche. Wie kann ich in meinem Leben erleben, dass Glaube Freiheit bedeutet? Wie kann ich in meinem Alltag diese Freiheit wirklich leben?

Liebe Ministranten,

ich danke euch für diese Begegnung aus Anlass eurer Wallfahrt nach Rom und möchte euch einige Denkanstöße geben, die sich auf die Fragen beziehen, die eure Vertreter an mich gerichtet haben.

Ihr fragt mich, was ihr tun könnt, um in der Kirche mehr zur Geltung zu kommen, und was die christliche Gemeinde von euch als Ministranten erwartet. Zuallererst erinnern wir uns daran, dass die Welt Menschen braucht, die den anderen bezeugen, dass Gott uns liebt und dass er unser Vater ist. In der Gesellschaft hat jeder Einzelne die Aufgabe, dem Gemeinwohl zu dienen, indem er zu den lebensnotwendigen Dingen beiträgt: die Nahrung, die Kleidung, die medizinische Versorgung, die Ausbildung, die Nachrichten, das Rechtswesen usw. Wir Jünger des Herrn haben eine weitere Aufgabe, nämlich die, „Kanäle", Verbindungslinien zu sein, welche die Liebe Jesu weitergeben. Und in dieser Aufgabe habt ihr, Jugendliche und junge Erwachsene, eine besondere Rolle: Ihr seid aufgerufen, euren Altersgenossen von Jesus zu erzählen – nicht nur innerhalb der Pfarrgemeinde oder eures Verbandes, sondern vor allem außerhalb. Das ist eine Aufgabe, die besonders euch zukommt, weil ihr mit eurem Mut, mit eurer Begeisterung, mit eurer Spontaneität und Kontaktfreudigkeit leichter das Denken und das Herz derer erreicht, die sich vom Herrn entfernt haben. Viele junge Menschen eures Alters haben ein ungeheures Bedürfnis nach jemandem, der ihnen mit seinem Leben sagt, dass Jesus uns kennt, uns liebt, uns verzeiht, mit uns unsere Schwierigkeiten teilt und uns mit seiner Gnade unterstützt.

Aber um mit den anderen über Jesus zu sprechen, müssen wir ihn kennen und lieben, ihn im Gebet und im Hören seines Wortes erfahren. Darin seid ihr im Vorteil wegen eures liturgischen Dienstes, der euch erlaubt, Jesus, dem Wort und dem Brot des Lebens, nahe zu sein. Ich gebe euch einen Rat: Das Evangelium, das ihr in der Liturgie hört, lest es noch einmal für euch selbst, im Stillen, und wendet es auf euer Leben an. Und mit der Liebe Christi, die ihr in der heiligen Kommunion erhalten habt, werdet ihr es in die Tat umsetzen können. Der Herr ruft jeden von euch, auf seinem Feld zu arbeiten. Er ruft euch, frohe Akteure in seiner Kirche zu sein, die bereit sind, ihren Freunden weiterzusagen, was er euch mitgeteilt hat, besonders seine Barmherzigkeit.

Ich verstehe eure Schwierigkeiten, euren Ministrantendienst mit euren anderen Aktivitäten zu vereinbaren, die für euer menschliches Erwachsenwerden und eure kulturelle Bildung nötig sind. Da muss man sich ein bisschen organisieren, die Dinge in ausgewogener Weise planen ... aber ihr seid Deutsche, und das klappt bei euch! Unser Leben besteht aus Zeit, und die Zeit ist ein Geschenk Gottes, darum muss man sie für gutes und fruchtbares Tun einsetzen. Vielleicht vergeuden so manche junge Menschen zu viele Stunden mit unnützen Dingen: Das können das Chatten im Internet oder mit dem Handy oder auch die Fernsehserien sein. Die Produkte des technologischen Fortschritts, die eigentlich das Leben vereinfachen oder seine Qualität verbessern sollten, lenken manchmal die Aufmerksamkeit von dem ab, was wirklich wichtig ist. Unter den vielen Dingen, die zu unserer täglichen Routine gehören, sollte es vorrangig sein, uns an unseren Schöpfer zu erinnern, der uns leben lässt, der uns liebt und der uns auf unserem Lebensweg begleitet.

Eben weil Gott uns nach seinem Bild geschaffen hat, haben wir von ihm auch dieses große Geschenk der Freiheit erhalten. Wenn wir die Freiheit aber nicht gut gebrauchen, kann sie uns von Gott weit weg führen, kann uns die Würde verlieren lassen, die er uns verliehen hat. Daher sind Orientierungshilfen, Anweisungen und auch Regeln nötig – sowohl in der Gesellschaft als auch in der Kirche –, um uns zu helfen, den Willen Gottes zu tun und auf diese Weise entsprechend unserer Würde als Menschen und als Kinder Gottes zu leben. Wenn die Freiheit nicht vom Evangelium geprägt ist, kann sie sich in Sklaverei verwandeln: in die Sklaverei der Sünde. Unsere Stammeltern, Adam und Eva, haben sich vom göttlichen Willen entfernt und sind so in die Sünde gefallen, also in einen schlechten Gebrauch der Freiheit. Liebe junge Freunde, gebraucht eure Freiheit nicht falsch! Vertut nicht eure große Würde als Kinder Gottes, die euch geschenkt ist. Wenn ihr Jesus und seinem Evangelium folgt, wird eure Freiheit sich entfalten wie eine blühende Pflanze und gute sowie reichhaltige Frucht bringen. Ihr werdet die echte Freude finden, weil Gott will, dass wir vollkommen glücklich und sinnerfüllt sind. Nur wenn wir uns dem Willen Gottes fügen, können wir das Gute vollbringen und Licht der Welt wie auch Salz der Erde sein!

> Die Jungfrau Maria, die sich als „Magd des Herrn" (Lk 1,38) verstanden hat, sei euer Vorbild im Dienst für Gott. Sie, unsere Mutter, helfe euch, in der Kirche und in der Gesellschaft Akteure des Guten und Arbeiter für den Frieden zu sein, junge Menschen, die von Hoffnung und Mut erfüllt sind.

(Ansprache an die Teilnehmer der deutschen Ministrantenwallfahrt, Rom, 5. August 2014)

Mannschaft spielen

Jesus nachzufolgen ist anspruchsvoll, es bedeutet, sich nicht mit kleinen Zielen zufriedenzugeben, sondern mutig hohe Ziele ins Auge zu fassen!

(Begegnung mit Jugendlichen, Cagliari, 22. September 2013)

Die Berufung der ersten Jünger

Als Jesus am See von Galiläa entlangging, sah er Simon und Andreas, den Bruder des Simon, die auf dem See ihr Netz auswarfen; sie waren nämlich Fischer. Da sagte er zu ihnen: Kommt her, folgt mir nach! Ich werde euch zu Menschenfischern machen. Sogleich ließen sie ihre Netze liegen und folgten ihm. Als er ein Stück weiterging, sah er Jakobus, den Sohn des Zebedäus, und seinen Bruder Johannes; sie waren im Boot und richteten ihre Netze her. Sofort rief er sie und sie ließen ihren Vater Zebedäus mit seinen Tagelöhnern im Boot zurück und folgten Jesus nach.

(Mk 1,16-20)

Christ ist man nicht „auf Zeit",
nur in einigen Augenblicken,
unter einigen Umständen,
bei einigen Entscheidungen.
So kann man nicht Christ sein,
Christ ist man in jedem Augenblick!
Ganz!

(Ansprache zur Generalaudienz, 15. Mai 2013)

Wir sind alle berufen

Willst du mein Jünger sein?
Willst du mein Freund sein?
Willst du Zeuge meines Evangeliums sein?

(Grußworte zum XXVIII. Weltjugendtag, Copacabana,
25. Juli 2013)

Liebe junge Freunde, der eine oder andere unter
euch ist sich vielleicht noch nicht klar darüber, was
er mit seinem Leben machen soll. Fragt den Herrn
danach, er wird euch den Weg begreifen lassen.
Fragt auch ihr den Herrn: Was willst du, das ich tun
soll, welchen Weg soll ich einschlagen?

(Ansprache zum XXVIII. Weltjugendtag, Rio de Janeiro,
28. Juli 2013)

Seid wahre „Athleten Christi"

Jesus bittet uns, ihm das ganze Leben hindurch zu folgen, er bittet uns, seine Jünger zu sein, „in seiner Mannschaft zu spielen". Die meisten von euch lieben den Sport. Und hier wie in anderen Ländern ist Fußball eine nationale Leidenschaft. Stimmt's? Nun, was macht ein Spieler, wenn er in eine Mannschaft berufen wird? Er muss trainieren, viel trainieren. Genau so ist unser Leben als Jünger des Herrn. Der heilige Paulus sagt uns, als er die Christen beschreibt: „Jeder Wettkämpfer lebt aber völlig enthaltsam; jene tun dies, um einen vergänglichen, wir aber, um einen unvergänglichen Siegeskranz zu gewinnen" (1 Kor 9,25). Jesus bietet uns etwas Größeres als den Weltcup! Etwas Größeres als den Weltcup! Jesus bietet uns die Möglichkeit eines fruchtbaren Lebens, eines glücklichen Lebens, und er bietet uns auch eine Zukunft mit ihm, die kein Ende haben wird, im ewigen Leben. Das ist es, was Jesus uns bietet. Aber er verlangt von uns, dass wir den Eintritt bezahlen, und der Eintrittspreis ist, dass wir trainieren, um „in Form zu bleiben", um allen Situationen des Lebens ohne Angst zu begegnen und dabei unseren Glauben zu bezeugen. Durch den Dialog mit ihm: das Gebet.

(Vigil zum XXVIII. Weltjugendtag, Copacabana, 27. Juli 2013)

Ich stelle dir eine Frage, aber antworte in deinem Herzen, nicht mit lauter Stimme, sondern im Schweigen: Bete ich? Jeder soll antworten. Spreche ich mit Jesus, oder habe ich Angst vor der Stille? Lasse ich zu, dass der Heilige Geist in meinem Herzen spricht? Frage ich Jesus: Was willst du, das ich tun soll, was erwartest du von meinem Leben? – Das bedeutet trainieren. Fragt Jesus, sprecht mit Jesus. Und wenn ihr im Leben einen Fehler begeht, wenn euch ein Ausrutscher passiert, wenn ihr etwas tut, das schlecht ist, habt keine Angst: Jesus, schau, was ich getan habe! Was soll ich jetzt machen? Aber sprecht immer mit Jesus, im Guten und im Bösen, wenn ihr etwas Gutes tut und wenn ihr etwas Schlechtes tut. Habt keine Angst vor ihm! Das ist das Gebet. Und damit trainiert ihr im Gespräch mit Jesus! Liebe junge Freunde, seid wahre „Athleten Christi"!

(Vigil zum XXVIII. Weltjugendtag, Copacabana, 27. Juli 2013)

Verein(t)

Es ist ein ungewöhnlicher Anblick, der sich am 13. August 2013 im vatikanischen Clementina-Saal bietet: Da sitzen die Fußballnationalmannschaften von Italien und Argentinien, unter ihnen Weltstars wie Lionel Messi, einträchtig nebeneinander und hören gebannt Papst Franziskus zu. Anlass ist ein Freundschaftsspiel zwischen beiden Mannschaften, das am nächsten Tag zu Ehren des Papstes stattfindet. Der fußballbegeisterte Pontifex hat die beiden Mannschaften vorher zu einer Privataudienz eingeladen. Er bittet die Spieler, fair zu sein und sich ihrer Verantwortung als Stars bewusst zu sein. Für viele Menschen seien sie Vorbild, daraus sollen sie etwas machen: „Ich zähle auf all das Gute, das Sie unter der Jugend bewirken können." An die Manager gewandt beklagte Franziskus, der Fußball sei zu einem Geschäft geworden. Ein besonderes Geschenk haben die beiden Mannschaften auch dabei: einen Olivenbaum als Friedenszeichen. Der soll nach dem Spiel in die vatikanischen Gärten gepflanzt werden. Italiens Torhüter Gianluigi Buffon ist beeindruckt von Franziskus: „Mit so einem Papst ist es einfacher, sich zu bessern."

Die Weltmeisterschaft führte Menschen verschiedener Länder und Religionen zusammen. Möge der Sport stets die Kultur der Begegnung fördern.

(Twitter-Nachricht, 12. Juli 2014)

Spielt im Sturm

Wir sind Teil der Kirche, besser noch, wir werden Erbauer der Kirche und Protagonisten der Geschichte. Liebe Jungen und Mädchen, bitte hängt euch nicht hinten an den Schwanz der Geschichte an. Seid die Hauptdarsteller! Spielt im Sturm! Schießt nach vorne! Baut eine bessere Welt auf, eine Welt von Brüdern und Schwestern, eine Welt der Gerechtigkeit, der Liebe, des Friedens, der Brüderlichkeit, der Solidarität! Spielt immer im Sturm!

(Vigil zum XXVIII. Weltjugendtag, Copacabana, 27. Juli 2013)

Um die Probleme zu lösen, muss man der Realität in die Augen sehen und so wie ein Torwart bereit sein, den Ball aufzufangen, von welcher Seite er auch kommt! Und das ohne Angst oder der Versuchung zum Klagen nachzugeben, denn Jesus ist immer an der Seite jedes Menschen, auch und vor allem in den schwierigsten Momenten.

(Predigt im vatikanischen Gästehaus St. Marta, 13. April 2013)

Liebe Brüder und Schwestern, der Herr ruft uns jeden Tag, ihm mutig und treu zu folgen. Er hat uns das große Geschenk gemacht, uns als seine Jünger zu erwählen; er sendet uns, ihn freudig als den Auferstandenen zu verkünden, doch er verlangt von uns, das durch das Wort und durch das Zeugnis unseres Lebens zu tun, im Alltag.

(Predigt, 14. April 2013)

Der Herr ruft euch!

Hört niemals auf, euch wieder in das Spiel einzubringen, wie gute Sportler, die sich – wie einige von euch aus Erfahrung wissen – dem anstrengenden Training unterziehen, um Ergebnisse zu erzielen! Die Schwierigkeiten dürfen euch nicht abschrecken, sondern müssen euch anspornen, sie zu überwinden.

(Ansprache bei der Begegnung mit den Jugendlichen, Cagliari, 22. September 2013)

Auch heute noch braucht der Herr euch junge Menschen für seine Kirche. Liebe junge Freunde, der Herr braucht euch! Auch heute ruft er jeden von euch, ihm in seiner Kirche zu folgen und Missionar zu sein. Liebe junge Freunde, der Herr ruft euch! Nicht haufenweise, als Masse! Er ruft dich und dich und dich, jeden einzeln; hört im Herzen, was er euch sagt.

(Vigil zum XXVIII. Weltjugendtag, Copacabana, 27. Juli 2013)

Folgen wir Jesus! Wir begleiten, wir folgen Jesus, aber vor allem wissen wir, dass er uns begleitet und uns auf seine Schultern lädt: darin liegt unsere Freude, die Hoffnung, die wir in diese unsere Welt tragen müssen.

(Predigt am Palmsonntag, 24. März 2013)

Das Leben Jesu ist ein Leben für die anderen.
Jesus lebt sein Leben ganz für die anderen.
Es ist ein Leben des Dienens.

(Predigt zum XXVIII. Weltjugendtag, Copacabana, 28. Juli 2013)

2. Dienst – das Gute in der

Die Fußwaschung

Jesus stand vom Mahl auf, legte sein Gewand ab und umgürtete sich mit einem Leinentuch. Dann goss er Wasser in eine Schüssel und begann, den Jüngern die Füße zu waschen und mit dem Leinentuch abzutrocknen, mit dem er umgürtet war. Als er zu Simon Petrus kam, sagte dieser zu ihm: Du, Herr, willst mir die Füße waschen? Jesus antwortete ihm: Was ich tue, verstehst du jetzt noch nicht; doch später wirst du es begreifen. Petrus entgegnete ihm: Niemals sollst du mir die Füße waschen! Jesus erwiderte ihm: Wenn ich dich nicht wasche, hast du keinen Anteil an mir. Da sagte Simon Petrus zu ihm: Herr, dann nicht nur meine Füße, sondern auch die Hände und das Haupt.
Als er ihnen die Füße gewaschen, sein Gewand wieder angelegt und Platz genommen hatte, sagte er zu ihnen: Begreift ihr, was ich an euch getan habe? Ihr sagt zu mir Meister und Herr, und ihr nennt mich mit Recht so; denn ich bin es. Wenn nun ich, der Herr und Meister, euch die Füße gewaschen habe, dann müsst auch ihr einander die Füße waschen. Ich habe euch ein Beispiel gegeben, damit auch ihr so handelt, wie ich an euch gehandelt habe.

(Joh 13,4-15)

Einander die Füße waschen

Die Füße waschen bedeutet: Ich bin dir zu Diensten. Und auch wir, unter uns – nicht dass wir jeden Tag einander die Füße waschen müssen –, aber was bedeutet dies? Dass wir einander helfen müssen, einer dem andern. Manchmal habe ich mich geärgert über den einen, über die andere ... aber ... lass es gut sein. Lass es gut sein, und wenn er dich um einen Gefallen bittet, tu es. Uns gegenseitig helfen: Das ist es, was Jesus uns lehrt, und das ist es, was ich tue. Und ich tue es von Herzen, denn es ist meine Pflicht. Als Priester und als Bischof muss ich euch zu Diensten sein. Aber es ist eine Pflicht, die mir aus dem Herzen kommt: ich liebe es. Ich liebe es, und liebe, es zu tun, denn so hat es mich der Herr gelehrt. Aber auch ihr: Helft uns, helft uns immer! Einer dem andern. Und wenn wir so einander helfen, tun wir einander Gutes.

> Jeder von uns denke darüber nach: „Aber ich, bin ich wirklich bereit zu dienen, dem andern zu helfen?" Jesus ist genau dafür gekommen: um zu dienen, um uns zu helfen.
>
> (Predigt in der Jugendstrafanstalt, 28. März 2013)

Trost und Mut spenden

Sie gehört zu den großen Zeremonien in der Liturgie der Karwoche: die Fußwaschung am Gründonnerstag, bei der der Papst zwölf Gläubigen die Füße wäscht – in Erinnerung an Jesus, der seinen Jüngern die Füße wusch. Traditionell sind dies zwölf Priester, und die Fußwaschung findet in der Lateranbasilika statt. Diesmal jedoch ist einiges anders. Wie er es bereits in Buenos Aires praktiziert hat, begibt sich Franziskus zur rituellen Fußwaschung an die Ränder der Gesellschaft. Im Jugendgefängnis Casa del Marmo feiert er mit den Häftlingen die Messe und wäscht ihnen die Füße. Darunter sind auch junge Frauen und Muslime – ein Umstand, der sofort konservative Kritiker auf den Plan ruft. „Er setzt ein fragwürdiges Beispiel", meint Edward Peters, ein Berater des Vatikans in Sachen Kirchenrecht. Ein konservativer britischer Kommentator sieht darin gar Anlass für die Befürchtung, Franziskus könne demnächst auch Frauen in den Priesterstand erheben. Vatikansprecher Lombardi verteidigt Franziskus gegen die Kritik: Die Fußwaschung sei kein Sakrament, sondern ein Ritus, für den keine starren Gesetze gelten. Die Predigt für die etwa 50 Häftlinge hält Franziskus spontan und ermutigt die Jugendlichen zum Abschied: „Lasst euch die Hoffnung nicht rauben, kapiert? Mit Hoffnung geht es immer weiter."

Herr, lass mich mehr danach trachten
zu trösten, als Trost zu finden,
zu verstehen, als Verständnis zu finden,
zu lieben, als Liebe zu finden.
Denn im Geben empfange ich,
im Michvergessen finde ich mich,
im Verzeihen erfahre ich Verzeihung,
und im Sterben stehe ich auf zum ewigen Leben.

(Franz von Assisi)

Nur wer mit Liebe dient, weiß zu behüten!

Vergessen wir nie, dass die wahre Macht der Dienst ist und dass auch der Papst, um seine Macht auszuüben, immer mehr in jenen Dienst eintreten muss, um das ganze Volk Gottes zu hüten und mit Liebe und Zärtlichkeit die gesamte Menschheit anzunehmen, besonders die Ärmsten, die Schwächsten, die Geringsten: die Hungernden, die Durstigen, die Fremden, die Nackten, die Kranken, die Gefangenen (vgl. Mt 25, 31-46). Nur wer mit Liebe dient, weiß zu behüten!

(Predigt zum Hochfest des hl. Josef, 19. März 2013)

Die Berufung zum Hüten geht jedoch nicht nur uns Christen an; sie hat eine Dimension, die alle betrifft. Sie besteht darin, die gesamte Schöpfung, die Schönheit der Schöpfung zu bewahren: Sie besteht darin, Achtung zu haben vor jedem Geschöpf Gottes und vor der Umwelt, in der wir leben. Die Menschen zu hüten, sich um alle zu kümmern, um jeden Einzelnen, mit Liebe, besonders um die Kinder, die alten Menschen, um die, welche schwächer sind und oft in unserem Herzen an den Rand gedrängt werden. Sie besteht darin, in der Familie aufeinander zu achten. Sie besteht darin, die Freundschaften in Aufrichtigkeit zu leben; sie sind ein Einander-Behüten in Vertrautheit, gegenseitiger Achtung und im Guten.

Im Grunde ist alles der Obhut des Menschen anvertraut, und das ist eine Verantwortung, die alle betrifft. Seid Hüter der Gaben Gottes!

(Predigt zum Hochfest des hl. Josef, 19. März 2013)

Lasst uns „Hüter" der Schöpfung, des in die Natur hineingelegten Planes Gottes sein, Hüter des anderen, der Umwelt; lassen wir nicht zu, dass Zeichen der Zerstörung und des Todes den Weg dieser unserer Welt begleiten! Doch um zu „behüten", müssen wir auch auf uns selber Acht geben! Erinnern wir uns daran, dass Hass, Neid und Hochmut das Leben verunreinigen! Hüten bedeutet also, über unsere Gefühle, über unser Herz zu wachen, denn von dort gehen unsere guten und bösen Absichten aus: die, welche aufbauen, und die, welche zerstören! Wir dürfen keine Angst haben vor der Güte, ja, nicht einmal vor der Zärtlichkeit!

(Predigt zum Hochfest des hl. Josef, 19. März 2013)

Macht eure Talente fruchtbar!

Das Gleichnis von den Talenten lässt uns nachdenken über die Beziehung zwischen unserem Einsatz der Gaben, die wir von Gott erhalten haben, und seiner Wiederkunft, bei der er uns fragen wird, wie wir sie gebraucht haben (vgl. Mt 25,14–30). Ein Christ, der sich in sich selbst verschließt, der all das versteckt, was der Herr ihm gegeben hat, ist kein Christ! Er ist ein Christ, der Gott nicht für all das dankt, was er ihm geschenkt hat!

Das sagt uns, dass das Warten auf die Wiederkunft des Herrn die Zeit des Handelns ist – wir sind in der Zeit des Handelns –, die Zeit, in der wir die Gaben Gottes Frucht bringen lassen sollen, nicht für uns selbst, sondern für ihn, für die Kirche, für die Mitmenschen, die Zeit, in der wir stets danach streben müssen, das Gute in der Welt wachsen zu lassen. Und insbesondere in dieser Zeit der Krise heute ist es wichtig, sich nicht in sich selbst zu verschließen und das eigene Talent, den eigenen geistlichen, intellektuellen, materiellen Reichtum – all das, was Gott uns geschenkt hat – zu vergraben, sondern sich zu öffnen, solidarisch zu sein, auf den Mitmenschen zu achten.

Habt ihr über die Talente nachgedacht, die Gott euch gegeben hat? Habt ihr darüber nachgedacht, wie ihr sie in den Dienst der anderen stellen könnt? Vergrabt die Talente nicht! Setzt auf die großen Ideale, auf jene Ideale, die das Herz weit werden lassen, die Ideale des Dienstes, die eure Talente fruchtbar machen werden. Das Leben ist uns nicht geschenkt worden, damit wir es eifersüchtig für uns selbst bewahren, sondern es ist uns geschenkt worden, damit wir es hingeben.

Habt ein großes Herz! Habt keine Angst, von großen Dingen zu träumen!

(Generalaudienz auf dem Petersplatz, 24. April 2013)

Mess-Diener

Tut großzügig euren Dienst an Jesus, der in der Eucharistie gegenwärtig ist! Das ist eine wichtige Aufgabe, die euch erlaubt, besonders nahe beim Herrn zu sein und in einer tiefen wirklichen Freundschaft mit ihm zu wachsen. Bewahrt diese Freundschaft voll Eifer in eurem Herzen, so wie euer Patron, der heilige Tarzisius, und seid bereit, dafür einzustehen, damit Jesus zu allen Menschen kommt. Teilt auch ihr euren Altersgefährten das Geschenk dieser Freundschaft mit, mit Freude und Begeisterung und ohne Angst, dass sie spüren, ihr kennt es, es ist wahr, und ihr liebt dieses Geheimnis! Jedes Mal, wenn ihr zum Altar hintretet, habt ihr das Glück, bei der großen Liebestat Gottes dabei zu sein, der sich auch heute jedem von uns schenken will, uns nahe sein will, uns helfen will und Kraft geben will, damit wir richtig leben. Bei der Wandlung, ihr wisst es, wird dieses kleine Stück Brot Leib Christi, und der Wein wird Blut Christi. Ihr habt das große Glück, dieses unsagbare Geheimnis aus nächster Nähe erleben zu dürfen!

(Papst Benedikt XVI., Ansprache während der Generalaudienz, 4. August 2010)

Ihr spielt eine wichtige
Rolle beim Fest des
Glaubens!
Ihr bringt uns
die Freude des Glaubens
und sagt uns,
dass wir den Glauben mit
einem jungen Herzen
leben müssen.

(Predigt am Palmsonntag,
24. März 2013)

Vergessen wir nie,
dass die wahre Macht
der Dienst ist.

(Predigt bei der Messe zum
Beginn des Petrusdienstes,
19. März 2013)

3. Vertrauen – Brücken

Vertrauen gibt nicht auf, Vertrauen bricht die Brücken nicht ab. Vertrauen weiß zu verzeihen.

(Predigt im Lateran, 7. April 2013)

zueinander bauen

Die Stillung des Seesturms

Am Abend dieses Tages sagte er zu ihnen: Wir wollen ans andere Ufer hinüberfahren. Sie schickten die Leute fort und fuhren mit ihm in dem Boot, in dem er saß, weg; einige andere Boote begleiteten ihn. Plötzlich erhob sich ein heftiger Wirbelsturm, und die Wellen schlugen in das Boot, sodass es sich mit Wasser zu füllen begann. Er aber lag hinten im Boot auf einem Kissen und schlief. Sie weckten ihn und riefen: Meister, kümmert es dich nicht, dass wir zugrunde gehen? Da stand er auf, drohte dem Wind und sagte zu dem See: Schweig, sei still! Und der Wind legte sich und es trat völlige Stille ein. Er sagte zu ihnen: Warum habt ihr solche Angst? Habt ihr noch keinen Glauben?

(Mk 4,35-40)

In wen setzen wir unser Vertrauen?

Heute täte es allen gut, sich ehrlich zu fragen: In wen setzen wir unser Vertrauen? In uns selbst, in die materiellen Dinge oder in Jesus? Alle sind wir oft versucht, uns selbst in den Mittelpunkt zu stellen, zu glauben, dass wir die Achse des Universums sind, zu glauben, dass es an uns allein liegt, unser Leben aufzubauen, oder zu denken, dass Besitz, Geld, Macht es glücklich machen. Aber wir alle wissen, dass es nicht so ist! Sicher, der Besitz, das Geld, die Macht können einen Augenblick des Rausches bieten, die Illusion, glücklich zu sein, aber am Ende sind diese Dinge es, die uns besitzen und uns drängen, immer mehr zu wollen, nie genug zu haben. Am Ende sind wir „abgefüllt", aber nicht genährt, und es ist sehr traurig, eine „abgefüllte", doch schwache Jugend zu sehen. Die Jugend muss stark sein, sich von seinem Glauben nähren und nicht mit anderen Dingen abfüllen! „Füg Christus hinzu", nimm Christus in dein Leben hinein, setze dein Vertrauen in ihn, und du wirst nicht enttäuscht sein!

(Grußworte zum XXVIII. Weltjugendtag, Copacabana, 25. Juli 2013)

Glück der Gemeinschaft

Seine erste Auslandsreise führt Papst Franziskus beinahe in seine Heimat: nach Brasilien zum Weltjugendtag. Die Begeisterung für den Papst, der erst wenige Monate im Amt ist und schon viel von sich reden macht, ist groß. Für die Sicherheitskräfte wird es allerdings schwierig, denn Franziskus besteht darauf, ein „Papst zum Anfassen" zu sein. Er mag nicht auf Distanz zu den Menschen gehen. Als er vom Flughafen kommt, fährt er deshalb in einem ungepanzerten Kleinwagen, einem Fiat, Richtung Stadtzentrum. An einer Stelle ordnet sich der Fahrer falsch ein. Statt auf der extra für den Papst gesperrten linken Fahrspur landet der Fiat mitten im dichtesten Verkehr, bleibt immer wieder stecken, und hunderte Menschen bestürmen den Wagen. Es kommt zu tumultartigen Szenen, aber Franziskus bleibt gelassen. Er kurbelt sogar das Fenster herunter, um Hände zu schütteln. „Sein Sekretär hatte Angst, aber der Papst war glücklich", meint Vatikansprecher Federico Lombardi und gibt zu: „Das alles ist neu für uns."

Die Gemeinschaft ist ein Tuch, das mit Geduld und Ausdauer zu weben ist und stufenweise die „Fäden zusammenrückt", um eine immer ausgedehntere und dichtere Abdeckung zu erlauben. Eine Decke aus wenigen Wollfäden wärmt nicht.

(Ansprache zum XXVIII. Weltjugendtag, Rio de Janeiro, 27. Juli 2013)

Jesus – ein treuer Gefährte

Ich möchte euch von einer persönlichen Erfahrung erzählen. Gestern habe ich das 60. Jubiläum des Tages begangen, an dem ich die Stimme Jesu in meinem Herzen vernommen habe. Das sage ich nicht, damit ihr mir eine Torte backt, nein, ich sage es nicht deswegen. Sondern es ist eine Erinnerung: Seit diesem Tag sind 60 Jahre vergangen. Ich vergesse ihn nie. Der Herr hat mich ganz stark spüren lassen, dass ich jenen Weg gehen sollte. Ich war 17 Jahre alt. Es sind einige Jahre vergangen bis diese Entscheidung, diese Einladung, konkret und endgültig wurde. Danach sind viele Jahre vergangen, mit ein paar Erfolgen, Jahre der Freude, aber viele Jahre auch des Scheiterns, der Schwachheit, der Sünde... 60 Jahre auf dem Weg des Herrn, hinter ihm, neben ihm, stets mit ihm. Ich sage euch nur das: Ich habe es nicht bereut! Ich habe es nicht bereut! Aber warum? Weil ich mich wie Tarzan fühle und die Kraft habe voranzugehen? Nein, ich habe es nicht bereut, weil ich immer, auch in den dunkelsten Augenblicken, in den Augenblicken der Sünde, in den Augenblicken der Schwäche, in den Augenblicken des Scheiterns, auf Jesus geschaut und ihm vertraut habe, und er hat mich nicht allein gelassen. Er ist treu, er ist ein treuer Gefährte. Denkt darüber nach, das ist mein Zeugnis: Ich bin glücklich über diese 60 Jahre mit dem Herrn.

Vertraut auf Jesus:
Er geht immer voraus,
er geht mit uns!

(Begegnung mit Jugendlichen,
Cagliari, 22. September 2013)

Erst zuhören, dann reden

Mit Jugendlichen ist Franziskus gern zusammen, und zu Japan hat er sowieso einen guten Draht. Immerhin war der Wunsch, Missionar in Japan zu werden, einer der Gründe für seinen Eintritt in den Jesuitenorden. So verwundert es nicht, dass die Stimmung am 21. August 2013 hervorragend ist: Franziskus trifft 200 Schüler aus Tokio. Über die fernöstlichen Klänge im Damasushof – die 15-Jährigen singen für ihn ein japanisches Lied – freut er sich besonders und bedauert gleichzeitig, dass er sich nicht revanchieren kann, aber „ich kann leider nicht singen". Dann ermutigt er die Schüler, offen auf andere Kulturen und Religionen zuzugehen, denn in der Begegnung mit anderen wachse man. Außerdem sei der Dialog wichtig für den Frieden, im Großen wie im Kleinen. „Wenn es ein Problem gibt – Dialog." Ein gutes Rezept dafür gibt er den jungen Leuten auch gleich mit auf den Weg: „Erst zuhören, dann reden."

Einer der Titel des Bischofs von Rom ist Pontifex, das heißt Brückenbauer – Brücken zu Gott und zwischen den Menschen. Man kann nämlich keine Brücken zwischen den Menschen bauen, wenn man Gott vergisst. Doch es gilt auch das Gegenteil: Man kann keine wahre Verbindung zu Gott haben, wenn man die anderen ignoriert. Ich wünsche mir wirklich, dass der Dialog zwischen uns dazu beiträgt, Brücken

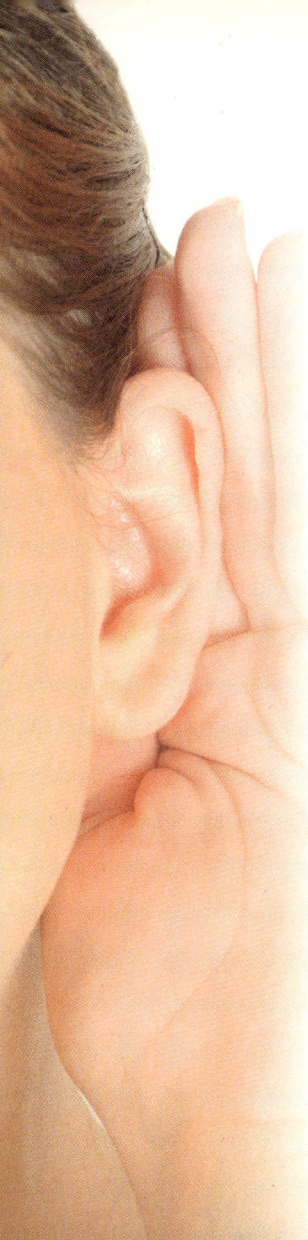

zwischen allen Menschen zu bauen, so dass jeder im anderen nicht einen Feind, einen Konkurrenten sieht, sondern einen Bruder, den er annehmen und umarmen soll! Außerdem drängt mich meine eigene Herkunft dazu, Brücken zu bauen. Wie ihr wisst, kommt ja meine Familie aus Italien; und so ist in mir stets dieser Dialog zwischen Orten und Kulturen lebendig, die voneinander entfernt sind – zwischen dem einen und dem anderen Ende der Erde, die heute einander immer näher rücken, voneinander abhängig sind, es nötig haben, einander zu begegnen.

(Ansprache an das diplomatische Korps, 22. März 2013)

4. Hoffnung – den Weg

des Kreuzes gehen

Der Herr lebt und geht an eurer Seite!
Bleibt verankert in dieser Hoffnung.
Haltet die Kette zum Anker fest,
einem Anker, der im Himmel ist,
und tragt diese Hoffnung weiter!

(Ansprache bei der Generalaudienz, 3. April 2013)

Kreuzträger

Pilatus wandte sich von neuem an sie und fragte: Was soll ich dann mit dem tun, den ihr den König der Juden nennt? Da schrien sie: Kreuzige ihn! Pilatus entgegnete: Was hat er denn für ein Verbrechen begangen? Sie schrien noch lauter: Kreuzige ihn! Darauf ließ Pilatus, um die Menge zufrieden zu stellen, Barabbas frei und gab den Befehl, Jesus zu geißeln und zu kreuzigen. Die Soldaten führten ihn in den Palast hinein, das heißt in das Prätorium, und riefen die ganze Kohorte zusammen. Dann legten sie ihm einen Purpurmantel um und flochten einen Dornenkranz; den setzten sie ihm auf und grüßten ihn: Heil dir, König der Juden! Sie schlugen ihm mit einem Stock auf den Kopf und spuckten ihn an, knieten vor ihm nieder und huldigten ihm. Nachdem sie so ihren Spott mit ihm getrieben hatten, nahmen sie ihm den Purpurmantel ab und zogen ihm seine eigenen Kleider wieder an. Dann führten sie Jesus hinaus, um ihn zu kreuzigen. Einen Mann, der gerade vom Feld kam, Simon von Zyrene, den Vater des Alexander und des Rufus, zwangen sie, sein Kreuz zu tragen.

(Mk 15,12-21)

Jesus blickt dich jetzt gerade an und sagt dir:
Willst du mir das Kreuz tragen helfen?
Lieber Bruder, liebe Schwester:
Mit all deiner Kraft eines jungen Menschen,
was antwortest du ihm?

(XXVIII. Weltjugendtag, Rio, Kreuzweg, 26. Juli 2013)

Niemals allein

Eine alte Überlieferung der Kirche von Rom erzählt, dass der Apostel Petrus, als er die Stadt verließ, um der Verfolgung Neros zu entkommen, Jesus sah, der in entgegengesetzter Richtung ging, und verwundert fragte er ihn: „Herr, wohin gehst du?" Die Antwort Jesu war: „Ich gehe nach Rom, um noch einmal gekreuzigt zu werden." In jenem Augenblick begriff Petrus, dass er mutig dem Herrn bis zum Ende folgen musste, aber er begriff vor allem, dass er niemals allein war auf dem Weg; bei ihm war immer jener Jesus, der ihn bis in sein Sterben am Kreuz hinein geliebt hatte.

(Kreuzweg zum XXVIII. Weltjugendtag, Rio de Janeiro, 26. Juli 2013)

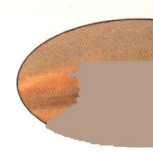

Seht, Jesus durchwandert mit seinem Kreuz unsere Straßen und nimmt unsere Ängste, unsere Probleme, unsere Leiden – auch die tiefsten – auf sich. Durch das Kreuz ist Jesus mit den vielen jungen Menschen verbunden, die ihr Vertrauen in die politischen Institutionen verloren haben, weil sie den Egoismus und die Korruption sehen, oder die ihren Glauben an die Kirche und sogar an Gott verloren haben wegen der Unlauterkeit von Christen und von Dienern des Evangeliums. Im Kreuz Christi ist das Leiden, die Sünde des Menschen – auch die unsere –, und er nimmt alles mit offenen Armen auf, lädt unsere Kreuze auf seine Schultern und sagt zu uns: Nur Mut! Du bist nicht allein, sie zu tragen! Ich trage sie mit dir, und ich habe den Tod überwunden und bin gekommen, um dir Hoffnung zu schenken, um dir Leben zu geben (vgl. Joh 3,16).

(Kreuzweg zum XXVIII. Weltjugendtag, Rio de Janeiro, 26. Juli 2013)

Im Kreuz ist Hoffnung

Es ist Anstoß erregend, dass Gott gekommen ist, um einer von uns zu werden. Es ist ein Skandal, dass er am Kreuz gestorben ist. Es ist ein Skandal: der Skandal des Kreuzes. Das Kreuz erregt weiterhin Anstoß. Aber es ist der einzige sichere Weg: der Weg des Kreuzes, der Weg Jesu, der Weg der Menschwerdung Jesu.

(XXVIII. Weltjugendtag, Rio de Janeiro, 25. Juli 2013)

> Nur im gestorbenen und auferstandenen Christus finden wir das Heil und die Erlösung. Mit ihm hat das Böse, haben Leiden und Tod nicht das letzte Wort, denn er schenkt uns Hoffnung und Leben: Er hat das Kreuz von einem Werkzeug des Hasses, der Niederlage und des Todes in ein Zeichen der Liebe, des Sieges, des Triumphes und des Lebens verwandelt.
>
> (Kreuzweg zum XXVIII. Weltjugendtag, Rio de Janeiro, 26. Juli 2013)

Auch heute, angesichts so vieler Wegstrecken mit grauem Himmel, haben wir es nötig, das Licht der Hoffnung zu sehen, selber Hoffnung zu geben. Die Schöpfung zu bewahren, jeden Mann und jede Frau zu behüten mit einem Blick voller Zärtlichkeit und Liebe, bedeutet, den Horizont der Hoffnung zu öffnen, bedeutet, all die Wolken aufzureißen für einen Lichtstrahl, bedeutet, die Wärme der Hoffnung zu bringen! Und für den Glaubenden, für uns Christen hat die Hoffnung, die wir bringen, den Horizont Gottes, der uns in Christus aufgetan ist; ist die Hoffnung auf den Felsen gegründet, der Gott ist.

(Predigt zum Hochfest des hl. Josef, 19. März 2013)

Mit Hoffnung im Herzen leben

In der Jugend ist man vorwärts gewandt, aber manchmal passiert es, dass man ein Scheitern, eine Enttäuschung erlebt: Das ist eine Prüfung, und sie ist wichtig! Jeder soll in seinem Herzen darüber nachdenken, über die Erfahrungen des Scheiterns nachdenken, die ihr gemacht habt, denkt darüber nach. Und gewiss: Wir alle haben diese Erfahrung gemacht, wir alle haben sie gemacht. Angesichts dieser Wirklichkeit fragt ihr euch zu Recht: Was können wir tun? Was man gewiss nicht tun soll, ist, sich von Pessimismus und Entmutigung überwinden zu lassen. Pessimistische Christen: Das ist schrecklich! Ihr Jugendlichen könnt und dürft nicht ohne Hoffnung sein, die Hoffnung ist Teil eures Daseins. Ein junger Mensch ohne Hoffnung ist kein junger Mensch; er ist zu schnell gealtert! Die Hoffnung ist Teil eurer Jugend! Wenn ihr keine Hoffnung habt, denkt ernsthaft darüber nach, denkt ernsthaft darüber nach ... Ein junger Mensch ohne Freude und ohne Hoffnung ist besorgniserregend: Er ist kein junger Mensch. Und wenn ein junger Mensch keine Freude hat, wenn ein junger Mensch ohne Lebensmut ist, wenn ein junger Mensch die Hoffnung verliert, wo findet er dann etwas Ruhe, etwas Frieden? Ohne Vertrauen, ohne Hoffnung, ohne Freude?

Ihr wisst, dass jene, die mit dem Tod Handel treiben, jene, die den Tod verkaufen, dir einen Weg anbieten, wenn ihr traurig, ohne Hoffnung, ohne Vertrauen, mutlos seid! Bitte, verkaufe deine Jugend nicht jenen, die den Tod verkaufen! Ihr versteht mich und wisst, wovon ich spreche! Ihr versteht es alle: Nicht verkaufen!

(Ansprache bei der Begegnung mit den Jugendlichen, Cagliari, 22. September 2013)

> Lasst euch niemals von Mutlosigkeit überwältigen!
> Lasst euch die Hoffnung nicht nehmen!
> Lasst nicht zu, dass die Hoffnung geraubt wird:
> jene Hoffnung, die Jesus schenkt.
>
> (Predigt am Palmsonntag auf dem Petersplatz, 24. März 2013)

Licht bringen

Der Glaube an Jesus führt zu einer Hoffnung, die alles übersteigt, zu einer Gewissheit, die nicht nur auf unseren Eigenschaften und Fähigkeiten gründet, sondern auf dem Wort Gottes, auf der Einladung, die von Jesus kommt – ohne allzu viele menschliche Berechnungen anzustellen und ohne überprüfen zu müssen, ob die Wirklichkeit, die euch umgibt, euren Sicherheiten entspricht.

(Ansprache bei der Begegnung mit den Jugendlichen, Cagliari, 22. September 2013)

Wie viele Schwierigkeiten gibt es im Leben jedes Einzelnen, in unserem Volk, in unseren Gemeinschaften, aber wie groß sie auch scheinen mögen, Gott lässt niemals zu, dass wir von ihnen gänzlich überflutet werden. Habt stets diese Gewissheit im Herzen: Gott geht an eurer Seite, in keinem Augenblick verlässt er euch! Verlieren wir niemals die Hoffnung! Löschen wir sie niemals in unserem Herzen aus!

Liebe Brüder und Schwestern,
lasst uns Lichter der Hoffnung sein!
Lasst uns eine positive Sicht der Wirklichkeit haben!

Euch allen möchte ich noch einmal sagen:
Lasst euch nicht die Hoffnung rauben!
Lasst euch nicht die Hoffnung rauben!
Aber ich möchte auch sagen:
Rauben wir nicht die Hoffnung,
sondern lasst uns vielmehr alle zu Hoffnungsbringern werden!

(XXVIII. Weltjugendtag, 24. Juli 2013)

5. Barmherzigkeit –

das Herz weit machen

Für mich ist das die stärkste Botschaft des Herrn: die Barmherzigkeit.

(Predigt in St. Anna im Vatikan, 17. März 2013)

Der barmherzige Samariter

Ein Mann ging von Jerusalem nach Jericho hinab und wurde von Räubern überfallen. Sie plünderten ihn aus und schlugen ihn nieder; dann gingen sie weg und ließen ihn halb tot liegen. Zufällig kam ein Priester denselben Weg herab; er sah ihn und ging weiter. Auch ein Levit kam zu der Stelle; er sah ihn und ging weiter. Dann kam ein Mann aus Samarien, der auf der Reise war. Als er ihn sah, hatte er Mitleid, ging zu ihm hin, goss Öl und Wein auf seine Wunden und verband sie. Dann hob er ihn auf sein Reittier, brachte ihn zu einer Herberge und sorgte für ihn. Am andern Morgen holte er zwei Denare hervor, gab sie dem Wirt und sagte: Sorge für ihn, und wenn du mehr für ihn brauchst, werde ich es dir bezahlen, wenn ich wiederkomme. Was meinst du: Wer von diesen dreien hat sich als der Nächste dessen erwiesen, der von den Räubern überfallen wurde? Der Gesetzeslehrer antwortete: Der, der barmherzig an ihm gehandelt hat. Da sagte Jesus zu ihm: Dann geh und handle genauso!

(Lk 10, 30-37)

Den Nächsten lieben

Gott denkt wie der Samariter, der an dem Unglücklichen nicht bedauernd vorübergeht oder seinen Blick von ihm abwendet, sondern ihm zu Hilfe kommt, ohne etwas dafür zu verlangen; ohne zu fragen, ob er Jude ist oder Heide ..., ob er reich ist oder arm: er fragt nichts. Er fragt nicht nach diesen Dingen, er verlangt nichts. Er kommt ihm zu Hilfe: So ist Gott.

(Ansprache bei der Generalaudienz, 27. März 2013)

Die Gefahr der Gleichgültigkeit

Niemand in der Welt fühlt sich heute verantwortlich; wir haben den Sinn für brüderliche Verantwortung verloren; wir sind in die heuchlerische Haltung des Priesters und des Leviten geraten, von der Jesus im Gleichnis vom barmherzigen Samariter sprach: Wir sehen den halbtoten Bruder am Straßenrand, vielleicht denken wir „Der Arme" und gehen auf unserem Weg weiter; es ist nicht unsere Aufgabe; und damit beruhigen wir uns selbst und fühlen uns in Ordnung. Wir haben uns an das Leiden des anderen gewöhnt, es betrifft uns nicht, es interessiert uns nicht, es geht uns nichts an!

(Predigt, Lampedusa, 8. Juli 2013)

Wenn ein Computer kaputtgeht, ist es eine Tragödie, aber die Armut, die Nöte, die Dramen vieler Menschen werden am Ende zur Normalität. Wenn zum Beispiel in einer Winternacht, hier ganz in der Nähe ein Mensch stirbt, dann macht es keine Schlagzeilen. Wenn es in vielen Teilen der Welt Kinder gibt, die nichts zu essen haben, dann macht das keine Schlagzeilen, sondern scheint normal zu sein. Das darf nicht so sein!

(Generalaudienz, 5. Juni 2013)

Herr, wir bitten um Vergebung für die Gleichgültigkeit gegenüber so vielen Brüdern und Schwestern, wir bitten dich, Vater, um Vergebung für den, der sich damit abgefunden, der sich im eigenen Wohlstand eingeschlossen hat, der zur Betäubung des Herzens führt; wir bitten dich um Vergebung für alle, die mit ihren Entscheidungen auf weltweiter Ebene Situationen geschaffen haben, die zu solchen Dramen führen. Vergebung, Herr!

(Predigt, Lampedusa, 8. Juli 2013)

Medizin für das Herz

Mit einer originellen Idee überrascht Franziskus am 17. November die Gläubigen, die zum Angelusgebet gekommen sind. Nach dem Gebet hält er plötzlich ein kleines Schächtelchen in der Hand – auf den ersten Blick eine ganz normale Arzneimittelschachtel – und sagt: „Jetzt möchte ich euch zu einer Medizin raten. Manch einer mag denken: ‚Ist der Papst jetzt Apotheker?' Es ist eine Medizin aus 59 Kügelchen, die eine Arznei für das Herz sind." Tatsächlich steht auf der Schachtel „Misericordina", eine kreative Abwandlung von misericordia (Barmherzigkeit). Darin befindet sich ein Rosenkranz; ein „Beipackzettel" enthält die Anleitung zum Rosenkranzgebet in mehreren Sprachen. Ehrenamtliche verteilen mehrere Tausend dieser Schachteln kostenlos auf dem Petersplatz. Nun klingt Franziskus tatsächlich fast wie ein Apotheker, als er mahnt: „Vergesst nicht, diese Medizin zu nehmen!"

„Misericordina"

Kann einmal täglich verwendet werden,
in Notfällen aber auch so oft,
wie die Seele es braucht.
Für Kinder und Erwachsene gilt dieselbe Dosis.
Gut für das Herz, die Seele und das ganze Leben.

Notleidende umarmen

Der junge Franziskus verlässt Reichtümer und Annehmlichkeiten, um ein Armer unter den Armen zu werden; er begreift, dass nicht die Dinge, der Besitz, die Götzen der Welt der wahre Reichtum sind und die wirkliche Freude schenken, sondern die Nachfolge Christi und der Dienst an den anderen. Doch weniger bekannt ist vielleicht der Moment, in dem all das in seinem Leben konkret wurde: Das geschah, als er einen Leprakranken umarmte. Dieser leidende Bruder wurde zum „Mittler des Lichts für den heiligen Franz von Assisi" (Enzyklika Lumen fidei, 57), denn in jedem Bruder und jeder Schwester in Not umarmen wir den leidenden Leib Christi.

Wir alle müssen den anderen mit den liebevollen Augen Christi sehen und lernen, Notleidende zu umarmen, um Nähe, Zuneigung und Liebe zum Ausdruck zu bringen.

(Ansprache zum XXVIII. Weltjugendtag, 24. Juli 2013)

Was ihr für einen meiner geringsten Brüder getan habt, das habt ihr mir getan.

(Mt 25,40)

Auf die Armen zugehen

Beim Weltjugendtag macht Franziskus mit seiner Hinwendung zu den Armen und an den Rand Gedrängten ernst. Schon bei seiner Ankunft im Marienwallfahrtsort Aparecida wird das deutlich: Als er aus dem Hubschrauber steigt, wendet er sich nicht etwa als Erstes den versammelten Würdenträgern, Politikern und Ehrengästen zu, sondern begrüßt zunächst einmal die Menschen, die hinter der Absperrung stehen, spricht mit ihnen und schüttelt Hände. Die Menschen in der hinteren Reihe sind so auf einmal dem Papst viel näher als die in der ersten Reihe.

Der Besuch einer Favela, eines Armenviertels ist Franziskus besonders wichtig, auf seinen ausdrücklichen Wunsch mit direktem Kontakt zu den Bewohnern. In den Straßen des berüchtigten Viertels Varginha fühlt er sich anscheinend wohl. Die Favelas hat er auch als Erzbischof in Buenos Aires regelmäßig besucht. Bevor er hier den Altar einer kleinen Kapelle weiht, besucht er die Familie des Elektrikers Manoel Penha in ihrem einfachen Zuhause.

Denken wir auch an diejenigen,
die sich nicht geliebt fühlen,
die keine Zukunftshoffnung haben,
die es aufgeben, sich im Leben zu engagieren,
weil sie entmutigt, enttäuscht und verängstigt sind.
Wir müssen lernen, den Armen nahe zu sein.

Nehmen wir den Mund nicht voll
mit schönen Worten über die Armen!
Gehen wir auf sie zu,
sehen wir ihnen in die Augen,
hören wir ihnen zu!

(Botschaft zum XXIX. Weltjugendtag 2014)

6. Mut – aufbrechen

Den Glauben bezeugt man
mit dem Mund und mit dem Herzen,
mit Worten und mit Liebe.

(Ansprache bei der Generalaudienz, 3. April 2013)

und hinausgehen

Die Flamme des Glaubens verbreiten

Als der Pfingsttag gekommen war, befanden sich alle am gleichen Ort. Da kam plötzlich vom Himmel her ein Brausen, wie wenn ein heftiger Sturm daherfährt, und erfüllte das ganze Haus, in dem sie waren. Und es erschienen ihnen Zungen wie von Feuer, die sich verteilten; auf jeden von ihnen ließ sich eine nieder. Alle wurden mit dem Heiligen Geist erfüllt und begannen, in fremden Sprachen zu reden, wie es der Geist ihnen eingab. In Jerusalem aber wohnten Juden, fromme Männer aus allen Völkern unter dem Himmel. Als sich das Getöse erhob, strömte die Menge zusammen und war ganz bestürzt; denn jeder hörte sie in seiner Sprache reden. Sie gerieten außer sich vor Staunen und sagten: Sind das nicht alles Galiläer, die hier reden? Wieso kann sie jeder von uns in seiner Muttersprache hören: Parther, Meder und Elamiter, Bewohner von Mesopotamien, Judäa und Kappadozien, von Pontus und der Provinz Asien, von Phrygien und Pamphylien, von Ägypten und dem Gebiet Libyens nach Zyrene hin, auch die Römer, die sich hier aufhalten, Juden und Proselyten, Kreter und Araber, wir hören sie in unseren Sprachen Gottes große Taten verkünden.
An diesem Tag wurden ihrer Gemeinschaft etwa dreitausend Menschen hinzugefügt.

(Apg 2,1-11, 41)

Der Glaube ist eine Flamme, die immer lebendiger wird, je mehr man sie mit anderen teilt und sie weitergibt, damit alle Jesus Christus kennen lernen, lieben und bekennen können – ihn, den Herrn des Lebens und der Geschichte (vgl. Röm 10,9).

(Predigt zum XXVIII. Weltjugendtag, Copacabana, 28. Juli 2013)

Wir sind ausgesendet

So hat es Jesus mit seinen Jüngern getan: Er hat sie nicht an sich gebunden, wie eine Henne ihre Küken; er hat sie ausgesandt! Wir können nicht eingeschlossen bleiben in der Pfarrgemeinde, in unseren Gemeinschaften, in unserer Pfarr-Einrichtung, in unserer Diözesan-Einrichtung, wenn so viele Menschen auf das Evangelium warten! Hinausgehen als Gesandte! Es geht nicht einfach darum, die Tür zu öffnen, damit sie kommen und um sie aufzunehmen, sondern darum, durch die Tür hinauszugehen, um die Menschen zu suchen und ihnen zu begegnen!

(XXVIII. Weltjugendtag, Rio de Janeiro, 27. Juli 2013)

Ich will, dass ihr Wirbel macht, ich will, dass man hinausgeht, ich will, dass die Kirche auf die Straßen hinausgeht, ich will, dass wir standhalten gegen alle Weltlichkeit, Unbeweglichkeit, Bequemlichkeit, gegen den Klerikalismus und alles In-sich-verschlossen-sein. Die Pfarreien, die Schulen, die verschiedenen Einrichtungen sind da, um hinauszugehen.

(XXVIII. Weltjugendtag, Rio de Janeiro, 25. Juli 2013)

Wohin sendet Jesus uns?
Da gibt es keine Grenzen,
keine Beschränkungen:
Er sendet uns zu allen.
Das Evangelium ist für
alle und nicht für einige.
Es ist nicht nur für die,
die uns näher, aufnahme-
fähiger, empfänglicher
erscheinen. Es ist für alle.
Fürchtet euch nicht,
hinzugehen und Christus
in jedes Milieu hineinzu-
tragen, bis in die existen-
ziellen Randgebiete, auch
zu denen, die am
fernsten, am gleichgül-
tigsten erscheinen. Der
Herr sucht alle, er will,
dass alle die Wärme
seiner Barmherzigkeit
und seiner Liebe spüren.

(Predigt zum XXVIII.
Weltjugendtag, Copacabana,
28. Juli 2013)

Hinaus in die Welt

Am 13. Dezember 1969, wenige Tage vor seinem
33. Geburtstag, wird Bergoglio zum Priester geweiht.
Sein Wunsch, und auch ein Grund, warum er sich
für den Jesuitenorden entschieden hatte, ist zunächst, als Missionar nach Japan zu gehen. Bei den
Jesuiten überzeugt ihn nicht zuletzt die „missionarische Sendung" des Ordens. Franz Xaver, der
Asienmissionar der Jesuiten, mag ihn dazu inspiriert
haben. Allerdings macht ihm sein Lungenproblem
einen Strich durch die Rechnung. Wegen dieser
gesundheitlichen Einschränkung erhält er für die
Japanreise keine Erlaubnis. Auslandserfahrung kann
er trotzdem sammeln: in Spanien beim Tertiat, der
letzten Ausbildungsstufe im Jesuitenorden. Und
Mission ist auch später ein wichtiger Teil seines
Selbstverständnisses als Priester. Den Glauben aus
den Kirchen hinaus auf die Straße bringen – das
macht er sich zur Aufgabe.

Über 40 Jahre später mahnt Bergoglio in seiner Rede
vor dem Konklave mit deutlichen Worten, die Kirche
dürfe nicht um sich selbst kreisen: „Sie ist aufgerufen,
aus sich selbst herauszugehen und an die Ränder zu
gehen. Nicht nur an die geografischen Ränder,
sondern an die Grenzen der menschlichen Existenz."

„Ich glaube, dass Papst Franziskus durch sehr einfache und berührende Worte die Menschen erreicht und immer wieder deutlich macht, dass Kirche sich nicht einschließen darf, dass Kirche zu den Menschen gehen und sie ermuntern muss, sich dem Christentum zu öffnen!"

(Angela Merkel)

Stürzt euch ins Leben!

Ich bitte euch, Konstrukteure der Welt zu sein und euch an die Arbeit für eine bessere Welt zu machen. Liebe junge Freunde, bitte schaut euch das Leben nicht „vom Balkon aus" an! Begebt euch in die Welt! Jesus ist nicht auf dem Balkon geblieben. Er hat sich mitten hineingestürzt. Betrachtet das Leben nicht „vom Balkon aus". Taucht ein in das Leben, wie Jesus es gemacht hat.

(Vigil zum XXVIII. Weltjugendtag, Copacabana, 27. Juli 2013)

Es bleibt aber die Frage: Wo sollen wir beginnen? Wen fragen wir, um dieses zu beginnen? Wo fangen wir an? Einmal haben sie Mutter Teresa von Kalkutta gefragt, was in der Kirche verändert werden müsse; von welcher Wand wollen wir anfangen? Wo fangen wir an? Bei dir und bei mir! antwortete sie: Sie hatte Biss, diese Frau! Sie wusste, wo anzufangen sei. Auch ich raube heute Mutter Teresa dieses Wort und sage dir: Anfangen? Wo? Bei dir und bei mir! Jeder frage sich, wieder im Stillen: Wenn ich bei mir anfangen soll, wo fange ich an? Jeder öffne sein Herz, damit Jesus ihm sage, wo er anfangen soll.

(Vigil zum XXVIII. Weltjugendtag, Copacabana, 27. Juli 2013)

Ein „Geschenk Gottes": das Internet

Der Papst ein Internet-Fan? Das klingt ungewöhnlich, tun sich doch Menschen seines Jahrgangs oft etwas schwer mit den neuen Medien. Zum „Tag der Medien" am 24. Januar überrascht Franziskus mit überaus modernen Ansichten: Das Internet sieht er als „ein Geschenk Gottes", weil es „größere Möglichkeiten der Begegnung und der Solidarität untereinander bietet". Wenn er betont, dass die Kirche sich hinaus auf die Straße begeben müsse, so meint er damit auch die digitalen Straßen. Der Papst geht mit guten Beispiel voran: Sein Twitter-Account @Pontifex erfreut sich immer größerer Beliebtheit. Aus den anfänglich drei Millionen Followern werden innerhalb weniger Monate fast dreimal so viele. Die kurzen Botschaften werden in neun unterschiedlichen Sprachen angeboten. Die meisten Follower hat Franziskus im spanischsprachigen Raum, gefolgt vom englischen und italienischen. An die in der Mehrzahl jugendlichen Leser wendet er sich mit griffigen, manchmal auch leicht provozierenden Botschaften wie dieser: „Der Herr klopft an die Tür unseres Herzens. Haben wir vielleicht ein kleines Schild angebracht mit der Aufschrift: ‚Nicht stören'?"

Geht und macht alle Völker zu meinen Jüngern (Mt 28,19)

Jesus beruft dich, Jünger in Mission zu sein! Aber aufgepasst! Jesus hat nicht gesagt: Wenn ihr wollt, wenn ihr Zeit habt, dann geht, sondern er hat gesagt: „Geht und macht alle Völker zu meinen Jüngern." Die Glaubenserfahrung zu teilen, den Glauben zu bezeugen, das Evangelium zu verkünden ist ein Auftrag, den der Herr der gesamten Kirche überträgt, auch dir.

(Predigt zum XXVIII. Weltjugendtag, Copacabana, 28. Juli 2013)

7. Freude – sich von Gott

Spüren wir die Freude,
Christen zu sein!

(Ansprache bei der Generalaudienz,
3. April 2013)

Die Hochzeit zu Kana

Am dritten Tag fand in Kana in Galiläa eine Hochzeit statt und die Mutter Jesu war dabei. Auch Jesus und seine Jünger waren zur Hochzeit eingeladen. Als der Wein ausging, sagte die Mutter Jesu zu ihm: Sie haben keinen Wein mehr. Jesus erwiderte ihr: Was willst du von mir, Frau? Meine Stunde ist noch nicht gekommen. Seine Mutter sagte zu den Dienern: Was er euch sagt, das tut! Es standen dort sechs steinerne Wasserkrüge, wie es der Reinigungsvorschrift der Juden entsprach; jeder fasste ungefähr hundert Liter. Jesus sagte zu den Dienern: Füllt die Krüge mit Wasser! Und sie füllten sie bis zum Rand. Er sagte zu ihnen: Schöpft jetzt und bringt es dem, der für das Festmahl verantwortlich ist. Sie brachten es ihm. Er kostete das Wasser, das zu Wein geworden war. Er wusste nicht, woher der Wein kam; die Diener aber, die das Wasser geschöpft hatten, wussten es. Da ließ er den Bräutigam rufen und sagte zu ihm: Jeder setzt zuerst den guten Wein vor und erst, wenn die Gäste zu viel getrunken haben, den weniger guten. Du jedoch hast den guten Wein bis jetzt zurückgehalten. So tat Jesus sein erstes Zeichen, in Kana in Galiläa, und offenbarte seine Herrlichkeit, und seine Jünger glaubten an ihn.

(Joh 2,1-11)

Wunder erwarten

Gott setzt immer in Erstaunen, wie der neue Wein im Evangelium, das wir gehört haben. Gott hält immer das Beste für uns bereit. Aber er verlangt, dass wir uns von seiner Liebe überraschen lassen, dass wir seine Überraschungen annehmen. Vertrauen wir auf Gott! Fern von ihm erschöpft sich der Wein der Freude, der Wein der Hoffnung. Wenn wir in seine Nähe kommen, wenn wir bei ihm bleiben, verwandelt sich das, was kaltes Wasser zu sein scheint, das, was Not, was Sünde ist, in neuen Wein der Freundschaft mit ihm.

(Aparecida, Predigt, 24. Juli 2013)

Freut euch zu jeder Zeit!
(1 Thess 5,16-22)

Begeisterung, die ansteckt

Die Freude des Evangeliums erfüllt das Herz und das gesamte Leben derer, die Jesus begegnen. Diejenigen, die sich von ihm retten lassen, sind befreit von der Sünde, von der Traurigkeit, von der inneren Leere und von der Vereinsamung. Mit Jesus Christus kommt immer – und immer wieder – die Freude.

(Apostolisches Schreiben „Evangelii Gaudium")

Ein Christ ist frohgemut, er ist niemals traurig. Gott begleitet uns. Ein Christ kann nicht pessimistisch sein! Er hat nicht ein Gesicht wie einer, der in ständiger Trauer zu sein scheint. Wenn wir wirklich in Christus „verliebt" sind und spüren, wie sehr er uns liebt, wird unser Herz in einer solchen Freude „entbrennen", dass sie alle ansteckt, die in unserer Nähe leben.

(Predigt in Aparecida, 24. Juli 2013)

Staunen und Glauben

Im Spanischen haben wir ein Sprich-Wort: »El Señor siempre nos primerea« – der Herr kommt uns immer zuvor, ist zuerst da, erwartet uns! Das ist die Erfahrung, die die Propheten Israels beschrieben, wenn sie sagten, der Herr sei wie die Mandelblüte, die erste Blüte des Frühlings (vgl. Jer 1,11–12). Bevor die anderen Blüten kommen, ist sie da – wartet auf uns. Der Herr erwartet uns. Und wenn wir ihn suchen, entdecken wir diese Wirklichkeit: dass er da ist und uns erwartet, um uns aufzunehmen, um uns seine Liebe zu schenken. Und das erfüllt dein Herz mit einem solchen Staunen, dass du es nicht für möglich hältst – und so wächst der Glaube!

(Ansprache zur Pfingstvigil mit den kirchlichen Bewegungen, 18. Mai 2013)

Manche Gläubige kommen daher wie eine in Essig eingelegte Peperoni. Christen müssen jedoch Männer und Frauen der Freude sein. Christliche Freude ist ein Geschenk Gottes.

(Predigt im vatikanischen Gästehaus St. Marta, 10. Mai 2013)

Seid niemals traurige Menschen: ein Christ darf das niemals sein! Lasst euch niemals von Mutlosigkeit überwältigen! Unsere Freude entspringt nicht aus dem Besitzen vieler Dinge, sondern daraus, einer Person begegnet zu sein: Jesus, der in unserer Mitte ist; sie entspringt aus dem Wissen, dass wir mit ihm niemals einsam sind, selbst in schwierigen Momenten nicht, auch dann nicht, wenn der Lebensweg auf Probleme und Hindernisse stößt, die unüberwindlich scheinen, und davon gibt es viele!

(Predigt am Palmsonntag, 24. März 2013)

Das sicherste Mittel gegen die Fallen des Bösen ist die Fröhlichkeit des Herzens.

(Franz von Assisi)

Neue Wege wagen

Das Neue macht uns immer ein wenig Angst, denn wir fühlen uns sicherer, wenn wir alles unter Kontrolle haben, wenn wir es sind, die unser Leben nach unseren Mustern, unseren Sicherheiten, nach unserem Geschmack aufbauen, programmieren und planen. Und das geschieht auch gegenüber Gott. Oft folgen wir ihm, nehmen ihn an, aber nur bis zu einem gewissen Punkt. Es fällt uns schwer, uns in vollem Vertrauen ihm hinzugeben und zuzulassen, dass der Heilige Geist die Seele unseres Lebens ist und die Führung über all unsere Entscheidungen übernimmt. Wir haben Angst, Gott könne uns neue Wege gehen lassen, uns herausführen aus unserem oft begrenzten, geschlossenen, egoistischen Horizont, um uns für seine Horizonte zu öffnen.
Es ist nicht die Neuheit um der Neuheit willen, die Suche nach dem Neuen, um die Langeweile zu überwinden, wie es in unserer Zeit häufig geschieht. Die Neuheit, die Gott in unser Leben bringt, ist das, was uns tatsächlich verwirklicht, das, was uns die wahre Freude schenkt, die wahre Gelassenheit, denn Gott liebt uns und will nur unser Bestes.

Fragen wir uns heute: Sind wir offen für die „Überraschungen Gottes"? Oder verschließen wir uns ängstlich vor der Neuheit des Heiligen Geistes? Sind wir mutig, die neuen Wege zu beschreiten, die die

Neuheit Gottes uns anbietet, oder verteidigen wir uns, eingeschlossen in vergängliche Strukturen, die ihre Aufnahmefähigkeit verloren haben? Es wird uns gut tun, diese Fragen im Tagesverlauf immer vor Augen zu haben.

(Predigt zur Eucharistiefeier mit den kirchlichen Bewegungen, 19. Mai 2013)

> Der Herr öffne uns für die verwandelnde Neuheit, für die Überraschungen Gottes, die so schön sind; er mache uns zu Menschen, die fähig sind, sich an das zu erinnern, was er in ihrer persönlichen Geschichte und in der Welt gewirkt hat; er mache uns fähig, ihn zu spüren als den Lebenden, der mitten unter uns lebt und wirkt. Amen.
>
> (Predigt zur Ostervigil, 30. März 2013)

Enthusiastisch sein

Wisst ihr, woher dieses Wort stammt: „Enthusiasmus"? Es kommt aus dem Griechischen und heißt soviel wie „etwas Göttliches in sich haben" oder „in Gott sein". Die Begeisterung zeigt, wenn sie gesunder Art ist, Folgendes: Dass jemand ein göttliches Element in sich trägt und es voller Freude zum Ausdruck bringt. Seid – erfüllt von dieser Begeisterung – offen für die Hoffnung und strebt nach Fülle, verlangt danach, eurer Zukunft, eurem ganzen Leben einen Sinn zu verleihen, den Weg ausfindig zu machen, der für jeden Einzelnen von euch geeignet ist. Wählt dabei den Weg, der euch Gelassenheit und menschliche Verwirklichung zu schenken vermag.

Strebt nach dem Glück,
habt den Mut dazu,
den Mut, über euch hinauszugehen
und eure Zukunft ganz ins Spiel zu bringen,
zusammen mit Jesus.

(Begegnung mit Jugendlichen auf dem Platz des Heiligtums von Castelpetroso, 5. Juli 2014)

TEXTNACHWEIS:
Bibeltexte: Einheitsübersetzung der Heiligen Schrift
© 1980 Katholische Bibelanstalt, Stuttgart

Papsttexte: © Libreria Editrice Vaticana, Città del Vaticano

Die Texte von S. 20, 42, 46, 66, 70, 78 und 82 stammen von Stefanie Boden. Sie sind großteils entnommen aus:
Franziskus: Frischer Wind im Vatikan. Neue Anekdoten. St Benno Verlag, Leipzig, ISBN 978-3-7462-4163-0

Wir haben uns bemüht, alle Inhaber von Textrechten in Erfahrung zu bringen. Für weitere Hinweise sind wir dankbar.

BILDNACHWEIS:
Cover: © Stefano Spaziani;
S. 6: © Leonid Tit/Fotolia.de;
S. 9: © KNA-Bild; S. 10: © scaliger/Fotolia.de; S. 13: © Edwin Verin/Shutterstock.de;
S. 14/15: © lazyllama/Fotolia.de;
S. 17: © noomhh/Fotolia.de;
S. 19: © lazyllama/Fotolia.de;
S. 21: © picture-alliance/dpa; S. 22: © KieferPix/Shutterstock.de;
S. 24/25: © KNA-Bild; S. 26/27: © EduardSV/Shutterstock.de;
S. 29: © mbolina/Fotolia.de; S. 31: © sheff/Shutterstock.de; S. 33: © Ingo Bartussek/Fotolia.de;
S. 35: © makuba/Fotolia.de; S. 37: © Gerhard Seybert/Fotolia.de;
S. 38/39: © Heiko Han/Fotolia.de;
S. 40: © Ramona Heim/Fotolia.de;
S. 43: © giulio napolitano/Shutterstock.de; S. 45: © Andre van der Veen/Fotolia.de; S. 47: © FuzzBones/Shutterstock.de;
S. 48/49: © MrSegui/Fotolia.de;
S. 51: © WDG Photo/Shutterstock.de; S. 52/53: © Barbara Helgason/Fotolia.de;
S. 55: © 全全/Fotolia.de; S. 57: © bajita111122/Fotolia.de; S. 59: © Africa Studio/Shutterstock.de;
S. 60/61: © Maryna Pleshkun/Shutterstock.de; S. 63: © Andresr/Shutterstock.de;
S. 65: © Jonathan Stutz/Fotolia.de; S. 67: © Muskoka Stock Photos/Shutterstock.de; S. 68/69: © savageultralight/Shutterstock.de; S. 71: © R. Gino Santa Maria/Shutterstock.de; S. 72/73: © Anton Gvozdikov/Shutterstock.de; S. 75: © Vince Clements/Fotolia.de; S. 77: © Alexander Chaikin/Shutterstock.de; S. 79: © picture-alliance/Stefano Spaziani; S. 80/81: © grafikplus-foto/Fotolia.de; S. 82: © neneo/Shutterstock.de; S. 83: © Elena Galach'yants/Fotolia.de; S. 84/85: © beerfan/Fotolia.de; S. 87: © Aramanda/Fotolia.de; S. 88: © oliveromg/Shutterstock.de;
S. 90: © zinken/Fotolia.de; S. 91: © Daniel Bujack/Fotolia.de; S. 93: © littlestocker/Fotolia.de;
S. 94/95: © Franz Pfluegl/Fotolia.de